LEMERCIER DE NEUVILLE

UNE PERLE

SAYNÈTE POUR JEUNES FILLES

— PRIX 1 FRANC —

PARIS
LIBRAIRIE THÉATRALE
14, RUE DE GRAMMONT, 14

1891

UNE PERLE

COMÉDIE

Imprimerie générale de Châtillon-sur-Seine. — M. Pepin.

UNE PERLE

SAYNÈTE POUR JEUNES FILLES

PAR

LEMERCIER DE NEUVILLE

PARIS
LIBRAIRIE THÉATRALE
14, RUE DE GRAMMONT, 14

1891

PERSONNAGES

MADAME BALANDARD.

SYLVIE, sa bonne.

UNE PERLE

Une salle à manger. — Table au milieu. — Buffet à droite. — Au premier plan, à droite, porte conduisant à la cuisine. — Au second plan, à gauche, porte donnant dans la chambre de madame Balandard. — Porte d'entrée au fond. — Chaises. — A gauche, au premier plan, un piano.

SCÈNE PREMIÈRE

MADAME BALANDARD, **avec un tablier, essuyant son buffet avec un linge.**

Quel ennui ! Depuis huit jours je suis sans bonne ! Obligée de faire mon ménage moi-même ! Ah ! les domestiques ! quelle engeance ! Et dire qu'on ne peut pas s'en passer ! Je croyais pourtant avoir mis la main sur un bon numéro avec Françoise. Eh bien non ! Cette fille s'avise d'être insolente et j'ai dû la congédier. J'ai fait tous les bureaux, j'en ai vu de toutes sortes, mais aucune ne me convient. — J'ai écrit à une de mes amies, madame Dubelœil, qui a des relations, de m'en dénicher une, et pas de réponse. C'est désespérant. Et obligée avec ça de sortir tous les jours pour mon procès. Si ça continue, je tomberai malade, bien sûr !... (On sonne.) Quelqu'un ! Il faut ouvrir ma porte, moi-même ! Ah ! (Elle ôte son tablier et pose son torchon sur le buffet.) Allons !

Elle va ouvrir au fond.

SCÈNE II

MADAME BALANDARD, SYLVIE.

SYLVIE.

Madame Balandard ?

MADAME BALANDARD.

C'est moi !...

SYLVIE.

Je me présente de la part de madame Dubelœil, qui m'a remis cette lettre.

MADAME BALANDARD.

Ah ! enfin !... — Donnez !

SYLVIE, à part.

Maison bourgeoise, intérieur modeste, pas d'enfants.

MADAME BALANDARD, lisant la lettre.

« Ma chère amie, je vous envoie une domestique qui fera, je crois, votre affaire. Active, intelligente, ayant reçu une certaine instruction, et avec cela polie et d'un extérieur modeste ; vous en serez certainement satisfaite. Elle m'a fait, à moi, la meilleure impression. Ou je me tromperais fort, ou je vous ai déniché une perle... » (Elle continue à lire tout bas la fin de la lettre. — Après un moment.) Si c'était vrai ! Enfin nous verrons ! (A Sylvie.) Approchez, mademoiselle, comment vous appelez-vous ?

SYLVIE.

Sylvie, madame.

MADAME BALANDARD.

Madame Dubelœil, mon amie, vous recommande chaudement. Où avez-vous servi ?

SYLVIE.

Je n'ai jamais servi, madame, c'est ma première place.

MADAME BALANDARD.

Cependant, madame Dubelœil me dit...

SYLVIE.

Mais je connais le service, madame, j'ai eu des domestiques...

MADAME BALANDARD, étonnee.

Vous avez eu... expliquez-vous ?

SYLVIE.

C'est bien simple, madame ; je suis fille de petits commerçants, nous étions quatre enfants; tant que mon père a vécu, ça a bien été, on vivait mal, mais on vivait. Mais mon père est mort. Alors la misère est venue. Mes frères et ma sœur se sont placés et moi je suis restée avec ma mère ; elle est morte à son tour, et alors il faut bien que je me place.

MADAME BALANDARD, émue.

Pauvre enfant !

SYLVIE.

Oh ! ne craignez rien, madame, je sais travailler. C'est moi qui faisais le ménage à la maison, et la cuisine, et tout.

MADAME BALANDARD.

Vous avez reçu une certaine instruction.

SYLVIE.

Je suis allée en pension, je devais même passer mes examens quand mon père est mort, mais alors j'ai dû interrompre.

MADAME BALANDARD.

Vous savez coudre ?

SYLVIE.

Oui, madame, je saurais même tailler une robe... avec un modèle.

MADAME BALANDARD, à part.

Voilà qui m'irait bien. (Haut.) Vous ne connaissez personne à Paris ?

SYLVIE.

J'arrive de mon pays.

MADAME BALANDARD.

Chez moi, il n'y a pas de sorties.

SYLVIE.

Où irais-je ? Je ne connais personne.

MADAME BALANDARD.

C'est bien ! Je crois que vous ferez mon affaire.

SYLVIE.

Je tâcherai, madame.

MADAME BALANDARD.

Mais, dites-moi, avec les connaissances que vous avez, vous auriez pu vous placer femme de chambre ?

SYLVIE.

Je ne sais pas coiffer, madame.

MADAME BALANDARD.

Je dois vous dire d'abord que je ne donne pas de gros gages.

SYLVIE.

Oh! je ne suis pas exigeante.

MADAME BALANDARD.

Je vous donnerai trente francs par mois, pour commencer. Plus tard, si je suis contente de vous, je vous augmenterai.

SYLVIE.

Cela me convient, madame.

MADAME BALANDARD.

Eh bien, vous allez entrer en fonctions tout de suite. Tantôt vous irez chercher votre malle.

SYLVIE.

Oui, madame.

MADAME BALANDARD.

Vous allez finir la salle à manger. — Tenez, voici un tablier. (Sylvie met le tablier.) Vous épousseterez bien tout, le buffet, le piano, la table, les chaises. (Montrant la porte de droite.) Le plumeau et le balai sont là dans le couloir.

SYLVIE, allant les prendre.

Je vais les chercher.

MADAME BALANDARD.

J'ai une course à faire, que tout soit prêt quand je vais revenir.

SYLVIE.

Oui, madame...

MADAME BALANDARD, mettant son chapeau.

Je ne serai pas longtemps! (A part.) Cette fille me convient tout à fait.

Elle sort.

SCÈNE III

SYLVIE, seule.

Ça a l'air d'une bonne femme! Elle a gobé mon histoire tout du long. Ah ! c'est que j'ai étudié beaucoup les maîtres ! Ils vous demandent toujours une foule de choses qui ne les regardent pas. Il faut flatter leurs manies ! moi, comme je ne tiens pas à ce qu'on sache mes affaires, j'ai inventé une craque qui réussit toujours. Mon petit roman fait qu'ils s'intéressent à moi; ils me traitent mieux et n'osent pas me commander brusquement. Et puis ça me rapporte des douceurs. Dans quinze jours, c'est elle qui me dira de sortir ! Dans un mois je mangerai avec elle ! Si elle savait pourtant que j'ai fait plus de quinze places en trois mois ! C'est vrai que je ne m'y plaisais pas ! Mais ici je serai très bien : pas beaucoup d'ouvrage, une femme seule. Je lui conterai des histoires, je la ferai rire et je serai libre comme l'air ! Voyons ! Elle m'a dit de faire la salle à manger. Faire quoi ? Mais elle est très bien cette salle à manger ! Je ne peux pas user les meubles en les frottant !... (Elle donne quelques coups de plumeau par ci par là.) Un piano ! Ah ! que je voudrais savoir en jouer! (Elle ouvre le piano et fait des gammes avec un doigt.) C'est joli, la musique ! Ça accompagne bien la voix.

Elle chante sans paroles, l'air : *En revenant de la revue* et s'accompagne en mettant à tort et à travers ses doigts sur le piano.

SCÈNE IV

SYLVIE, MADAME BALANDARD.

MADAME BALANDARD.

Eh bien, que faites-vous là?

SYLVIE.

J'essuyais le piano, madame...

MADAME BALANDARD.

Et vous chantiez.

SYLVIE.

Quelquefois, quand je suis seule, je chante en travaillant; mais si cela déplaît à madame...

MADAME BALANDARD.

Quand vous êtes seule, ça m'est égal, mais il ne faut pas crier. (Elle ôte son chapeau.) Maintenant, ma fille, il faut songer au déjeuner.

SYLVIE.

Bien, madame.

MADAME BALANDARD.

Vous trouverez dans la cuisine tout ce qu'il vous faut. Il y a des œufs, des côtelettes... Du reste, je vous montrerai tout tout à l'heure; allumez d'abord le fourneau. Allez!

SYLVIE.

La cuisine est au bout du couloir?

MADAME BALANDARD.

Oui! Eh bien, mais replacez votre plumeau et votre balai où vous les avez pris! Vous savez, ma fille, il faut que rien ne traîne chez moi. J'aime l'ordre!...

Et ce torchon que vous oubliez... Enfin, c'est le premier jour; quand vous serez habituée, je compte n'avoir plus rien à vous dire.

SYLVIE, sortant à droite, à part.

Elle est méticuleuse !

SCÈNE V

MADAME BALANDARD.

C'est jeune ! Etourdi ! mais je la formerai. D'abord je ne lui passerai rien, c'est la meilleure manière d'avoir un bon service plus tard. — Voyons maintenant ces papiers. (Elle s'assied à la table du milieu, et déploie une liasse de papiers qu'elle a rapportée avec elle.) Voici l'extrait mortuaire de ma sœur, bien; maintenant ceci est la reconnaissance de la somme de 10.000 francs que je lui ai prêtée, bien. Ah ! la lettre de mon neveu qui nie la dette... Celle où il la reconnaît... Bien. Celle où il refuse de payer... le gredin !... Et puis les papiers timbrés... Il y en a déjà pour cher... mais je ne trouve pas la note que l'avoué a jointe au dossier et qui, m'a dit le premier clerc, était très importante pour moi... Voyons... ce papier... Ah ! la voici ! — Voyons ! — « Madame, j'ai obtenu de la partie adverse un arrangement qui vous évitera un procès. Etant obligé de m'absenter, j'ai prié l'avoué, mon confrère, de passer chez vous. Il viendra exactement à dix heures ce matin, et vous fera signer les pièces que j'ai vérifiées. Ne vous absentez pas sans l'avoir vu, car s'il ne vous trouvait pas, il pourrait prendre votre absence pour un refus de conciliation et alors le procès suivrait son cours. Agréez, madame.... » Eh bien j'aime mieux ça ! Quelle heure est-il? Bientôt dix heures ! Il ne va pas tarder. (Bruit de vaisselle brisée dans la cuisine.) Qu'est-ce que c'est que ça! En voilà d'une autre à présent! (Elle va à la porte de la cuisine.) Sylvie! Sylvie! Qu'est-ce qui est arrivé?

SCÈNE VI

MADAME BALANDARD, SYLVIE.

SYLVIE, entrant.

Rien, madame!

MADAME BALANDARD.

Comment rien! J'ai bien entendu.

SYLVIE.

Ah! madame a entendu! C'est une pile d'assiettes...

MADAME BALANDARD.

Oui, une pile d'assiettes que vous avez laissé tomber. Maladroite!

SYLVIE.

Dame, madame, ce n'est pas ma faute!

MADAME BALANDARD.

C'est la mienne peut-être ?

SYLVIE.

Je ne voudrais rien dire de désagréable à madame, mais c'est bien plutôt la faute de madame que la mienne.

MADAME BALANDARD.

Que dites-vous?

SYLVIE.

Les assiettes étaient placées sur la planche d'en haut; pour les prendre, j'ai été obligée de monter sur la chaise; la chaise était vieille, la paille a cédé, j'ai passé à travers, alors pour me rattraper j'ai lâché les assiettes, mais je suis tombée tout de même; la chaise est brisée, heureusement que je ne me suis pas fait mal!

MADAME BALANDARD.

Et la chaise aussi est brisée!

SYLVIE.

Oh! elle ne tenait plus!

Nouveau bruit d'assiettes cassées et miaulements.

MADAME BALANDARD.

Qu'est-ce que c'est encore que ça?

SYLVIE.

Cette fois-ci, madame, vous ne pouvez pas dire que c'est moi! Je crois bien que le chat a reçu toutes les assiettes sur le dos : il est en train de se dégager.

MADAME BALANDARD, se levant.

Comment! Mon chat, mon pauvre Grisemine, vous l'avez écrasé! Ah! tenez, je ne sais ce qui me retient... Maladroite!

Elle va dans la cuisine.

SCÈNE VII

SYLVIE, seule.

Enfin! Je ne l'ai pas fait exprès! J'aime mieux que ce soit son chat qui soit blessé que moi! D'ailleurs, je n'aime pas les chats, c'est trop voleur! C'est égal, je n'ai pas de chance, elle va se méfier de moi, maintenant. Elle est furieuse! Je vas lui offrir de payer ses assiettes, ça la calmera... En voilàt-il pas un malheur! Des méchantes assiettes de deux sous! Et puis c'est fragile! Ça ne peut pas toujours durer. La faïence! ça ne s'use que comme ça!

SCÈNE VIII

SYLVIE, MADAME BALANDARD.

MADAME BALANDARD.

Mon pauvre Grisemine! écrasé! J'y tenais tant! Vous n'avez donc pas vu qu'il était là?

SYLVIE.

Mais si, madame, mais je ne savais pas que les assiettes allaient m'échapper. Je croyais que la chaise était plus solide.

MADAME BALANDARD.

Et mes assiettes brisées...

SYLVIE.

Madame me les retiendra sur mes gages...

MADAME BALANDARD.

Et ma chaise disloquée...

SYLVIE.

Je la ferai raccommoder à mes frais...

MADAME BALANDARD.

Je ne vous parle pas de cela! Il faudra faire bien attention désormais, vous entendez! Avant de monter sur une chaise on examine si elle est solide. Mon Dieu! que cela me contrarie! plus une assiette pour déjeuner.

SYLVIE.

Madame n'en a pas d'autres?

MADAME BALANDARD.

Si! mais je ne m'en sers que lorsqu'il vient du monde. Allons! Je vais en acheter d'autres; heureusement que le marchand demeure dans la maison.

SYLVIE.

Madame comprend bien que ce n'est pas ma faute?

MADAME BALANDARD.

Je comprends, je comprends qu'il ne faut pas recommencer. Je vais chercher d'autres assiettes. Ah! j'attends quelqu'un, ce matin; si l'on vient pendant mon absence, vous ferez entrer dans le salon. Du reste, je ne fais qu'aller et venir.

SYLVIE.

Ne craignez rien, madame...

Madame Balandard sort.

SCÈNE IX

SYLVIE.

C'est vrai, ce qu'elle me disait, madame! J'aurais mieux fait de me faire femme de chambre, au moins on n'est pas exposée à casser. Et puis c'est un métier plus propre, on ne lave pas de vaisselle, on ne fait pas la cuisine, on ne cire pas, on ne balaie pas. Faudra que je me présente un jour comme ça; si je ne conviens pas, eh bien, je m'en irai! Oh! moi, je n'ai pas le temps de fatiguer mes maîtres. J'en use trop!... Tiens! une tapisserie! (*Elle prend dans une corbeille placée sur le piano un dessus de fauteuil commencé et qui représente un chat.*) C'est madame qui y travaille! — C'est le portrait de son chat qu'elle aime tant. — Eh, bien, elle l'aura tout de même, son chat, sans les désagréments. Je ne suis pas méchante, moi, j'vas lui avancer son fond. (*Elle prend la tapisserie et y travaille en s'asseyant sur le tabouret, tournant le dos au piano.*) Je ferais peut-être mieux de préparer le déjeuner, mais c'est de trop bonne heure, je n'ai pas encore faim ! Et puis, madame m'a dit qu'elle attendait quelqu'un, je n'entendrais pas la sonnette de ma cuisine. (*On sonne.*) Ah ! si j'étais riche ! ce que je me ferais servir ! Ce n'est pas moi qui m'ennuierais. D'abord je changerais de bonne tous les jours, parce que le premier jour elles font tout bien. Je ne parle pas pour moi, à cause des assiettes, mais ça c'est un hasard ! (*On sonne de nouveau vivement, Sylvie n'a pas l'air de s'en apercevoir.*) Et puis, j'irais me promener tous les jours, j'aurais un *gro-omme*, tout petit, avec une belle livrée. Quand je prendrais une voiture, il se mettrait à côté du cocher ! C'est ça qui serait chic ! (*On sonne avec furie.*) Ah ! ça, ce carillon ne va donc pas finir ! Les voisins n'entendent donc pas ! — Et puis je voudrais un autre mobilier que ça ! je donnerais des petites soirées, on jouerait du piano, on danserait. Oui, mais ça n'est pas avec trente francs par mois que j'arriverai jamais à la fortune. Ah ! si je trouvais une bonne maîtresse, qui me laisse des rentes ! qui sait ! Ici par exemple, madame est seule... Là, v'là un bon bout de fait... ah ! mon Dieu ! J'ai fait du fond sur le dessin ! — Tant pis ! un peu de laine perdue ça n'est pas grand'chose ! madame défera les points. (*Elle se lève et met la tapisserie dans la corbeille.*) J'vas ramasser les assiettes cassées, maintenant.

Elle se dirige vers la cuisine.

SCÈNE X

SYLVIE, MADAME BALANDARD.

MADAME BALANDARD, *apportant une pile d'assiettes.*

Tenez, voilà une douzaine d'assiettes. Ne les cassez pas, celles-là !...

SYLVIE, prenant les assiettes.

Je ferai bien attention, madame.

MADAME BALANDARD.

Il n'est venu personne?

SYLVIE.

Non, madame, je n'ai vu personne.

MADAME BALANDARD, à part.

C'est singulier! (Haut.) Allons, faites vite mon déjeuner!... (Elle ôte son chapeau.) Je ne sortirai plus, je vais serrer mon chapeau. (Elle va porter son chapeau dans la chambre de gauche. — Parlant de l'intérieur de la chambre.) Votre feu est allumé?

SYLVIE.

Oui, madame! (A part.) C'est-à-dire, je vais l'allumer. (Prenant les papiers que madame Balandard a laissés sur la table.) Avec ces vieux papiers-là, et de la braise, ça ne sera pas long.

MADAME BALANDARD, dans sa chambre.

Sylvie?

SYLVIE.

Madame!

MADAME BALANDARD. (*id*).

Je mangerai un œuf à la coque et une côtelette; dépêchez-vous.

SYLVIE.

Ça va être prêt tout de suite!

Elle rentre à la cuisine.

SCÈNE XI

MADAME BALANDARD.

Il est très singulier que cet avoué ne soit pas venu. (Elle regarde sa montre.) Dix heures et demie !... J'avance peut-être. S'il n'avait pu venir il m'aurait écrit... Enfin déjeunons toujours. Comment, elle n'a pas mis le couvert ! qu'a-t-elle donc fait pendant mon absence ? Moi, qui tiens tant à un service bien fait ! Oh ! je vais la styler. (Appelant.) Sylvie ?

SYLVIE, de sa cuisine.

Madame !

MADAME BALANDARD.

Venez mettre le couvert.

SCÈNE XII

SYLVIE, MADAME BALANDARD.

SYLVIE.

Voilà, madame !

MADAME BALANDARD.

Il devrait déjà être mis, et puis je dois vous apprendre que lorsqu'une maîtresse appelle, il faut venir d'abord et ne pas lui parler d'une pièce dans l'autre.

SYLVIE.

Oui, madame.

MADAME BALANDARD.

Dans le tiroir du buffet, vous trouverez la nappe et ma serviette. (Sylvie fait tout ce que madame Balandard lui indique.) C'est cela; mettez la nappe, ma serviette ici, — c'est là ma place. — Maintenant, le vin! — Prenez la bouteille dans le bas du buffet, — ici. — La carafe, là, sur la crédence. — Le pain, dans le tiroir du bas. Allez, le sel, le poivre. — Bien. Dans le tiroir de gauche les fourchettes, couteaux. — Mettez des fourchettes et des couteaux de service. A présent, vous savez où tout est placé. Il faut deux minutes pour mettre mon couvert. Je tiens à ce que vous soyez très vive. Maintenant allez chercher les assiettes à la cuisine.

SYLVIE, sortant.

Oui, madame!...

MADAME BALANDARD.

Ces jeunesses, il faut les bousculer pour qu'elles marchent. Au moins celle-là ne répond pas. Quand elle sera au courant, je crois qu'elle ira bien. (Allant à la porte de droite.) Allons, Sylvie, pressons-nous, les assiettes! Et surtout ne les cassons pas!

SYLVIE, avec six assiettes.

Voici, madame.

MADAME BALANDARD.

C'est bien... — Une ici, à ma place. — Les autres au bout de la table. Votre eau doit être bouillante? Mettez l'œuf maintenant.

SYLVIE.

Je l'ai déjà mis, madame.

MADAME BALANDARD.

Retirez-le bien vite, il va être dur! (Sylvie sort.) Ça ne prévoit rien! (Elle se met à table.) Il me semble pourtant que si j'étais domestique, on n'aurait rien à me reprocher. Eh bien, Sylvie, mon œuf?

SYLVIE, entrant avec l'œuf dans un coquetier sur une assiette.

Le voici, madame.

MADAME BALANDARD, le cassant.

Qu'est-ce que je disais? Il est dur! Vous voyez, il est dur!

SYLVIE.

Je vois bien, madame! — Il n'en est pas plus mauvais pour cela.

MADAME BALANDARD.

Je ne dis pas le contraire; mais je voulais manger un œuf à la coque et non pas un œuf dur.

SYLVIE.

Madame n'aime pas les œufs durs?

MADAME BALANDARD.

Si, mais je n'en voulais pas pour déjeuner. D'ailleurs, ça ne se mange que dans la salade ou sur de l'oseille.

SYLVIE.

Ça se mange aussi à la croque au sel.

MADAME BALANDARD.

Oui, à la campagne.

SYLVIE.

Alors madame ne mange pas son œuf?

MADAME BALANDARD.

Non! Vous le mangerez, vous.

SYLVIE.

Oui, madame, j'aime bien ça. Qu'est-ce que madame veut que je lui fasse à la place? Il y a encore des œufs. — Voulez-vous une omelette?

MADAME BALANDARD.

Non! Je n'ai pas grand'faim. — Mettez maintenant la côtelette sur le feu.

SYLVIE.

Mais elle y est, madame; je l'ai mise en même temps que l'œuf.

MADAME BALANDARD.

Que l'œuf! Et depuis le temps que vous êtes ici! Elle doit être brûlée!...

SYLVIE.

Dame! Madame me parle, il faut bien que je lui réponde et comme madame m'a défendu de lui répondre de la cuisine...

MADAME BALANDARD.

Taisez-vous! Apportez-moi ma côtelette.

SYLVIE.

Oui, madame.

Elle va à la cuisine.

MADAME BALANDARD.

Je vois qu'il faudra que je m'en mêle, au moins les premiers jours. Elle est polie, oh! elle est polie, je ne puis pas lui ôter ça, mais elle n'est pas active, elle lambine; et puis elle est maladroite et enfin elle n'a pas la moindre notion de cuisine.

SYLVIE, apportant une côtelette cachée sous des branches de persil.

Voilà, madame!

MADAME BALANDARD.

Qu'est-ce que c'est que ça? Une salade?

SYLVIE.

Non, madame! J'y ai mis du persil pour la parer.

MADAME BALANDARD.

Mais on ne met pas le persil sur la côtelette, on le met autour et puis on n'en met pas tant! Enfin, si elle est bonne! (Elle enlève le persil.) Mais, malheureuse!

je vous le disais bien, elle est brûlée! c'est un charbon! Elle n'est pas mangeable.

SYLVIE.

Si madame m'avait dit qu'elle l'aimait saignante...

MADAME BALANDARD.

Je ne l'aime pas crue, non plus! Mais il y a un degré entre les deux.

SYLVIE.

Ah! voilà! C'est que je ne connais pas le fourneau.

MADAME BALANDARD.

Le fourneau n'est pour rien là-dedans. C'est le feu! Vous avez fait un feu trop vif et vous avez mis dessus la côtelette trop tôt.

SYLVIE.

C'est bien possible! Il faudra que je m'achète une montre.

MADAME BALANDARD.

On ne cuit pas des côtelettes avec une montre. Vous disiez que vous saviez faire la cuisine?...

SYLVIE.

Dame! C'est moi qui la faisais chez nous.

MADAME BALANDARD.

Eh bien, on n'était pas difficile! Avec tout cela, voilà un déjeuner manqué.

SYLVIE.

Madame veut-elle que je lui fasse autre chose! Si madame avait des pommes de terre, je lui ferais...

MADAME BALANDARD.

Ça va être bien long.

SYLVIE.

Non, madame, j'ai du feu, pendant que je vais mettre la friture, je les éplucherai.

MADAME BALANDARD.

Allez! Allez! Dépêchez-vons! (On sonne. — Sylvie s'arrête sur le seuil de la cuisine.) Allez donc! Je vais ouvrir.

Sylvie rentre dans sa cuisine.

SCÈNE XIII

MADAME BALANDARD, allant ouvrir.

Une lettre! Une lettre de mon avoué. C'est cela! le rendez-vous est décommandé. (Elle ouvre la lettre. — Lisant :) « — Madame, je vous avais recommandé de rester chez vous ce matin; l'avoué de votre adversaire s'est présenté et a sonné plusieurs fois sans avoir de réponse. Il vient de me dire qu'il a conclu de votre absence que vous ne vouliez pas entrer en arrangements. Je le regrette pour vous, car un procès est toujours chanceux, mais puisque vous l'avez voulu l'affaire suivra son cours. » Comment! L'avoué s'est présenté et on ne l'a pas reçu, malgré mes ordres? Sylvie!

SCÈNE XIV

MADAME BALANDARD, SYLVIE.

SYLVIE.

Madame! Elles ne sont pas encore frites...

MADAME BALANDARD.

Il s'agit bien de ça! Vous m'avez dit que personne n'était venu ce matin?

SYLVIE.

Oui, madame.

MADAME BALANDARD.

Et mon avoué m'écrit qu'on s'est présenté chez moi et qu'on a sonné plusieurs fois ! Pourquoi n'avez-vous pas ouvert ?

SYLVIE.

Ah ! c'est donc ça ! J'ai bien entendu sonner et même carillonner, mais je ne croyais pas que c'était ici.

MADAME BALANDARD.

Imbécile !

SYLVIE.

Oh ! madame !

MADAME BALANDARD.

Ainsi je vous dis que j'attends quelqu'un ; on sonne et vous n'ouvrez pas !

SYLVIE.

Moi je ne suis pas habituée à la sonnette, je croyais que c'était à côté.

MADAME BALANDARD.

Vous n'êtes qu'une sotte ! Je ne déjeunerai pas !... Je cours chez mon avoué. Où est mon dossier ?

SYLVIE.

Quel dossier ?

MADAME BALANDARD.

Les papiers que j'avais mis sur cette table. Où les avez-vous mis ?

SYLVIE.

Des vieux papiers ?

MADAME BALANDARD.

Oui, des papiers d'affaires. Ils étaient ici !...

SYLVIE.

C'est sans doute ceux que j'ai pris pour allumer le feu...

MADAME BALANDARD, bondissant.

Pour allu... répétez ! pour allumer le feu ! Vous avez brûlé mes papiers ! Vous m'avez ruinée! Malheureuse !

SYLVIE.

Est-ce que je savais, moi ! Des papiers qui traînaient...

MADAME BALANDARD.

Oh! j'étouffe de colère !

SYLVIE.

Je n'ai pas tout brûlé, il en reste encore, je vais voir...

Elle rentre à la cuisine.

SCÈNE XV

MADAME BALANDARD.

En voilà une affaire! Je suis bien sûre de perdre mon procès maintenant! Mais c'est une sotte que cette fille! Eh bien, mon amie Dubelœil m'a fait là un joli cadeau! Depuis ce matin avec cette maladroite ma maison est sens dessus dessous!

SCÈNE XVI

MADAME BALANDARD, SYLVIE apportant des papiers à moitié brûlés.

SYLVIE.

Tenez, madame, v'là ce qui reste.

MADAME BALANDARD.

C'est bien! maintenant vous pouvez rendre votre tablier, je vous renvoie.

SYLVIE.

Vous me renvoyez? Comme ça! Et mes huit jours?

MADAME BALANDARD.

Je vais vous les payer.

SYLVIE.

Vous me laisserez bien déjeuner, au moins.

MADAME BALANDARD.

Je ne veux plus vous voir! Je vous payerai tout de suite... Tenez! voilà de l'argent, allez-vous en!

SYLVIE.

Ah! c'est comme ça que vous me traitez, moi, qui voulais tout faire pour vous contenter!... Eh bien, je vais vous dire, votre maison est une baraque!

MADAME BALANDARD.

Sortez! Insolente!

SYLVIE.

Oui, une baraque, une boîte! Je le dirai partout dans le quartier. Pas de quoi manger, exigeante, grognant toujours! Allez! allez! Je ferai de vous un joli portrait!

MADAME BALANDARD.

Sortez! Sortez de suite! Ou je vous mets à la porte, moi-même!

SYLVIE.

Je pars! Je veux encore vous dire une chose! Je ne serais pas restée longtemps chez vous, la maison n'est pas assez chic pour moi. Adieu!

SCÈNE XVII

MADAME BALANDARD.

Elle est encore plus insolente que l'autre ! Enfin, m'en voici débarrassée ! Mais ces papiers... (Elle feuillète les papiers.) Ah ! la reconnaissance de 10,000 fr. de mon neveu est intacte. C'est l'important ! Tout n'est pas perdu.

SYLVIE, entr'ouvrant la porte du fond.

Madame !

MADAME BALANDARD.

Vous encore ; voulez-vous bien sortir ?

SYLVIE.

J'ai rencontré votre ancienne bonne à la porte, elle est sans place, voulez-vous la reprendre ?

MADAME BALANDARD.

Ah ! Oui, je la reprendrai avec plaisir, elle valait mille fois mieux que vous.

SYLVIE.

Bien du plaisir avec elle, Madame ! j'vas y dire !

Elle sort.

MADAME BALANDARD.

Oh ! oui, si c'est elle,je la reprends, je lui pardonne.. En fait de domestiques, j'aime mieux tout plutôt qu'une perle, ça coûte trop cher !

FIN

Imprimerie générale de Châtillon-sur-Seine. — M. Pepin.

PIÈCES POUR LA JEUNESSE

	H.	F.	Prix :
Les amis de province	2	4	1 »
L'atelier de peinture.	3	4	1 »
Les avocats	4	»	1 »
Le billet de loterie	6	»	1 »
Un cercle de femmes	1	7	1 »
La cigale et la fourmi	»	6	1 »
Les conseils de mon oncle . . .	3	1	1 »
Un coup de tête	»	2	1 »
Le crime de Moutiers	5	»	1 »
Les cuisinières	»	7	1 »
Deux mères	»	5	1 »
Une discrétion	»	2	1 »
La dot d'Alice	»	2	1 »
Un fiancé anonyme	»	5	1 »
La grande sœur	»	2	1 »
Le général Pruneau (de Tours) .	2	1	1 »
La malade imaginaire.	»	6	1 »
Malices perdues	1	1	1 »
Ma sœur Claire	»	4	1 »
Mentor (charade)	»	4	1 »
Miss Peackle	»	2	1 »
La négresse	»	5	1 »
La nuit de Noel	»	3	1 »
L'Oiseau bleu.	»	3	1 »
Le paté	3	1	1 »
Les pommes de la mère Aubry.	»	3	1 »
Le premier bal	»	5	1 »
Un premier habit	1	1	1 »
Le prix d'honneur.	»	2	1 »
Les souhaits interrompus . . .	»	4	1 »

Imprimerie générale de Châtillon-sur-Seine. — M. Pepin.

www.ingramcontent.com/pod-product-compliance
Ingram Content Group UK Ltd.
Pitfield, Milton Keynes, MK11 3LW, UK
UKHW020523180726
13839UKWH00005B/2280